모두 비슷비슷?
패션, 모방인가 자유인가?

한 입 크기 철학 7

모두 비슷비슷? **패션, 모방인가 자유인가?**

초판 인쇄 2022년 4월 05일
초판 발행 2022년 4월 10일

지은이 제니퍼 티오
그린이 알프레드
옮긴이 이수진
펴낸이 조승식
펴낸곳 돌배나무
공급처 북스힐
등록 제2019-000003호
주소 01043 서울시 강북구 한천로 153길 17
홈페이지 www.bookshill.com
이메일 bookshill@bookshill.com
전화 (02) 994-0071
팩스 (02) 994-0073

정가 9,000원
ISBN 979-11-90855-28-0
ISBN 979-11-90855-25-9(세트)

* 잘못된 책은 구입하신 서점에서 바꿔 드립니다.

Tous pareils?
Jennifer Thiault
Dessins d'Alfred

제니퍼 티오 & 알프레드

모두 비슷비슷?
패션, 모방인가 자유인가?

패션은 구속일까,
해방일까?

동물의 몸이 빛나는 깃털이나 두꺼운 털로 뒤덮여 있는 것과 달리 인간은 연약한 몸을 타고 났다. 하지만 인간은 자연이 인간에게 주지 않은 것을 상상하고 스스로 만들어내는 능력을 갖추었다. 바느질하고, 천을 짜고, 뜨개질하며 자신만의 '털'을 만들어내는 것이다. 그리고 원하는 대로 자신을 드러내고, 주변 환경에 맞게 자신의 겉모습을 꾸미는 데 시간을 보낸다. 패션은 동물에게 없는 자유를 인간에게 준다. 하지만 그러한 자유에 아무런 제약이 없는 것은 아니다. 때때로 패션은 몸을 지탱하는 것에 그치지 않고 몸을 유지하고, 또 형성한다. 패션은 코르셋처럼 인간의 몸을 옥죄고, 보정하고, 혹은 납작하게 만든다. 미술사학자이자 철학자인 프랑스 보렐France Borel은 "몸을 더욱 구조화하고, 더욱더 단단하게 만들려는 집착은 많은 문화권에서 나타나는 현상"이라고 말했다.

의복은 본질적으로 개인의 몸과 관련된 동시에 개인의 '사회적 몸'과도 떼려야 뗄 수 없는 관계를 맺는다. 의복은 몸에 핏(영어의 to fit–'꼭 들어맞는다'라는 의미)되어야 하는 것뿐만 아니라 그것을 착용하는 사람의 정신과도 어울려

야 한다('어울린다'라는 의미의 영어 to suit에서 양복 또는 정장을 뜻하는 수트suit라는 단어가 파생되었다). 개인은 의복과 액세서리를 통해 사회 속 자신의 위치에 맞는 태도와 타인에 대한 예의를 표현한다. 프랑스어로 '예의politesse'는 "매끈매끈한, 예의 바른 또는 단정한"이라는 의미를 가진 이탈리아어 polito에서 유래했다. 따라서 예의란 몸의 게으름과 품행의 나태함을 드러내는 우중충하고 단정치 못한 차림새와 양립할 수 없다. 더불어 예의란 사회적 몸이 물질적 몸을 제약하는 과정이고, 패션은 이러한 종속 관계의 매개체 중 하나다.

패션이란 정확히 무엇을 의미할까?

그러나 우리가 패션을 이야기할 때 다루어지는 문제는 어떤 것일까? 사회적 현상에 관한 문제일까, 예술 · 산업 혹은 경제적 표현 방식에 관한 문제일까? 패션은 규범을 파괴하는 것일까, 아니면 따르는 것일까? 일시적인 것일까, 아니면 영원한 것일까? 패션은 피상적인 것일까?

내가 오래된 사진 속 부모님의 스타일을 보고 '히피룩'이라고 말한다면 이때 내가 사용한 패션의 개념은 어떤 사회적 집단, 시대, 지역에서 고유하게 통용되는 관습, 표현, 행동 양식이나 사물을 해석하는 방식이다. 프랑스어로 패션mode은 방식manière이나 방법(façon – 이로부터 영어 단어 fashion이 파생되었다)을 뜻하는 라틴어 modus에서 유래했다. 계몽주의 철학자 콩도르세Condorcet에 따르면, 패션이란 최초의 인간이 나체 생활에서 벗어나 동물과는 다르게 존재하기 위해 몸을 덮고 꾸미기로 했을 때 탄생한 개념이다.

내가 부모님께 나팔바지의 유행은 지났다고 말하면서도 부모님의 오버사이즈 선글라스를 슬쩍 빌린다면, 이때는 패션 분야의 전문가(창작자, 기자, 모델, 유명 바이어 등)에 의해 주도된 복식의 유행에 관한 것이다. 이러한 유행은 계절이 바뀔 때마다 새로운 존재 방식과 꾸밈 방식을 제안하지만 이 중에는 과거의 스타일을 재해석한 것들도 존재한다. 우리가 일상생활 속에서 어떤 스타일이 "다시 유행한다"고 표현하거나 '빈티지'라는 표현을 쓰는 것처럼 말이다. 르네상스 시대 프랑스와 이탈리아에서 수도회 및 귀족과 차별화되기를 바랐던 도시 부르주아 계급의 출현과 함께 탄생했다고 알려진 패션은 이분법적이며 수명이 짧다. 즉 패션에는

'유행하는 것'과 '유행이 지난 것', '힙'하거나 '한물간' 것, '인(in)'과 '아웃(out)'이 있을 뿐이다.

마지막으로 예를 들어 누군가 내게 패션의 본고장은 샤넬이나 디올과 같이 전 세계에 널리 알려진 디자이너와 브랜드를 가지고 있는 프랑스라고 말한다면, 이때의 패션은 '오트 쿠튀르'에 관한 것이다. 오트 쿠튀르라는 특정한 범주는 19세기 영국 패션 디자이너 찰스 프레데릭 워스Charles Frederick Worth의 공헌으로 파리에서 탄생한 예술과 산업 사이에 위치한 인간의 작품을 말한다.

이처럼 패션은 이토록 다양한 측면으로 이야기될 수 있다.

타인을 모방하는 것일까,
타인과 다르게 보이려는 것일까?

패션은 긴 역사를 가지고 있는 현대적인 관습이다. 19세기 프랑스 사회학자 가브리엘 타르드Gabriel Tarde에 따르면 패션은 관습에 저항하는 현상이라고 한다. 우리는 현 시대에 발맞춰 살아가고 동시대인들과 관계를 맺기 위해 유행을 따른다.

패션의 유행을 따르기 위해서 우리는 주변인이나 스타,

“유행이란 결국
지나가는 것이다.”

장 콕토
Jean Cocteau

모델, 운동선수를 따라 할 필요성을 느끼곤 한다. 우리는 가수 리한나Rihanna, 패션모델 켄달 제너Kendall Jenner 혹은 육상선수 우사인 볼트Usain Bolt와 같은 유명인의 외모나 스웨그(swag, 스웨그는 자신만의 멋과 분위기를 의미하는 단어로 한때 크게 유행했다. 단어 또한 유행을 탄다)를 동경한다. 하지만 유행을 따른다는 것은 어떤 집단에 쉽게 속하기 위해 유명인을 모방하고 그들을 똑같이 따라 하는 것을 말하는 것일까, 아니면 이와 반대로 다른 사람과 차별화될 수 있게 개성을 추구하는 것으로 봐야 할까?

개인의 악덕과 이기주의를 바탕으로 번영을 누리는 인간 사회를 꿀벌 사회에 비유한 작품 《꿀벌의 우화》의 저자이자, 18세기 네덜란드 정신과 의사 겸 철학자인 버나드 맨더빌Bernard Mandeville에 따르면, 타인을 모방하려는 인간의 욕구에는 인간의 오만과 타인으로부터 인정받고 싶다는 욕망이 숨겨져 있다. 한 사회 속에서 힘 있는 자들의 존재는 최고의 자리에 오르고 싶다는 경쟁심을 사람들 간에 불러일으켜 그중 가장 뛰어난 사람의 스타일을 모방하게 만든다는 것이다.

그에 반해 버나드 맨더빌과 동시대 인물인 스코틀랜드 경제학자 애덤 스미스Adam Smith는 우리가 부자와 힘 있는 사람들을 모방하는 것은 오만이 아니라 '공감'에 의한 것이라고 말했다. 타인의 입장에 서서 그가 느끼는 바를 느끼고자 하는 마음인 공감은 그의 저서 《도덕 감정론》의 토대가 되었다. 인간은 타인이 욕망하는 것을 욕망한다. 유명인의 스타일을 따라 하려는 인간의 욕망에는 그 사람에 대한 동경과 그 사람을 닮기를 소원하는 마음이 담겨 있는 것이다.

때때로 타인을 모방하고, 어떤 스타일의 기준이라 여겨지는 사람의 스타일을 따라 하는 것은 타인의 눈에 자신이 우스꽝스럽게 보이지 않고, 자신이 속하거나 속하기를 꿈꾸는 집단에 의해 조롱받지 않고, 평가받지 않기 위한 것이다. 하지만 이는 스스로 선택할 의무를 저버리는 것과 같다. 정신분석학자 프랑수아즈 돌토Françoise Dolto에 따르면, "집단의 유행을 따르는 것은 자신을 드러내는 방식이기도 하지만 동시에 집단이 정한 옷을 입고, 다른 사람들의 선택에 자신을 오롯이 맡기는 방식이다. 이는 참여와 동화의 신호로, 우리는 때로 유행과 집단에 속할 때 안정감을 느낀다."

하지만 이처럼 타인의 스타일을 따라 함으로써 군중과 집단 속에 섞여 들어갈 수는 있지만, 이때 개인의 개성은 드러나지 않게 된다. 19세기 독일 철학자이자 사회학자인 게오르크 지멜Georg Simmel은 "어떤 본성이 유행의 획일화된 장막 뒤에 몸을 숨기도록 하는 미묘한 수줍음"에 대해 이야기했다. 그에 따르면, 이는 "자신의 내적 존재가 가진 고유한 특성이 외적인 모습을 통해 드러나는 것에 대한 두려움"을 느끼는 것과 같다.

모방 현상을 일으키는 이유가 무엇이든 모방에는 긍정적인 측면이 있다. 타인을 모방한다는 것은 그 사람과 관계를 맺게 하고, 그와 가까운 존재가 되기를 바라는 것이다. 패션은 개개인이 자신이 속한 시대에 동화되어 살아가는 것에 대한 소망의 표상이자 사회적 관계의 표현이다.

패션의 유행은 누군가를 모방하게도 만들지만, 역설적으로 일부분일지라도 타인과 구별되게 만들기도 한다. 타인의 스타일을 완벽하게 베끼는 사람은 드물고, 이러한 모방은 과한 태도로 여겨진다. 누구나 학창 시절이나 저녁 모임에서 자신과 완전히 똑같은 옷을 입은 사람을 보고 기분 나빴던 경험이 있을 것이다.

게오르크 지멜은 또 이렇게 말했다. "인간 사회의 모든 역사는 사회적 집단에 융화되려는 경향과 그것으로부터 개인적으로 분리되려는 경향이 서로 다투면서 느리게 얻어지고 빠르게 사라지는 타협과 화해의 과정이다." 패션은 이처럼 개인과 집단 사이에 존재하는 갈등 관계를 반영하고 있고, 이러한 갈등은 사회에 활기를 부여한다. 이처럼 자기 스

스로 존재하려는 욕구(유일한 존재), 타인과 다르게 존재하려는 욕구(타인과의 구별), 판에 박힌 관례 속에 머무르지 않고 진전하려는 욕구(변화) 혹은 집단 내에 속하면서 일종의 자유를 유지하려는 욕구(분리)가 우리에게 유행을 따르면서도 유일한 존재가 되기에 충분한 다양성을 갖게 만들어 준다.

옷을 입어서 유혹할까,
벗어서 유혹할까?

옷을 입을 때 우리는 대개 타인의 시선에 우리가 어떻게 비칠지 고려해서 입는다. 데이트를 예로 들어보자. 연인과 만날 때 우리는 겉모습과 의상의 선택에 매우 신경을 쓴다. 여기에 상대를 유혹하려는 의도가 있다고 할 수 있다. 유혹은 패션에서 중요한 측면을 차지하며, 실제로 암시와 기대의 기술인 에로티시즘과도 연결되어 있다. 미국 댄서 디타 본 티즈Dita Von Teese는 무대에서 스트립쇼를 선보이며 조금씩 탈의했는데, 이는 철학자 롤랑 바르트Roland Barthes가 말한 것처럼 관객들이 댄서의 "성기를 볼 수 있다는 기대감"을 즐기도록 한 것이다. 만약 댄서가 처음부터 탈의한 상태로 무대에 등장했다면, 공연에는 에로티시즘이 결여되어 그 누구도 유혹할 수 없었을 것이다. 이로부터 패션이 가진 양면적인 역할을 알 수 있다. 어깨를 드러내거나 셔츠의 단추를 풀어 신체의 어떤 부위를 강조하거나, 반대로 어떤 부위는 감추어 상대가 옷 속에 감춰진 나체를 상상하도록 만드는 것이다. 만약 옷이 신체의 대부분을 가리고 있다면 손목이나 발목을 살짝 드러내는 것만으로도 관능적이면서 상대의 욕망을 충분히 자극할 수 있다!

액세서리도 에로티시즘에 기여한다. 욕망의 상징인 액세서리는 어떤 사람들에게는 일종의 페티시즘을 기르게 만들어 준다. 옥타브 미르보Octave Mirbeau, 레티프 드 라 브르톤Restif de La Bretonne, 테오필 고티에Théophile Gautier를 비롯한 수많은 작가는 지그문트 프로이트Sigmund Freud 이전에 이미 에로티시즘의 잠재력에 대한 글을 썼다. 프로이트는 여성의 구두가 여성의 성기를 상징하고, 발은 남근을 의미한다고 주장했다. 흔히 탁월한 유혹의 도구로 여겨지는 하이힐은 몸의 전체적인 모습을 달리 보이게 만들고, 몸의 실루엣을 길고 가느다랗게 만들어 주고, 걸을 때는 바닥에 부딪혀 소리를 내고, 양발에 체중이 실리며 몸이 은근히 흔들리게 함으로써 몸에 긴장감을 부여한다...

나를 위해 옷을 입는 것일까,
남을 위해 옷을 입는 것일까?

프랑스 소설가 프랑수아즈 사강Françoise Sagan은 "사람들은 여성이 자신의 주변인, 즉 남성과 동성 친구들을 의식해서 옷을 입는다고 말하지만 사실 우리 모두는 자신을 위해 옷을 입는다"고 말했다. 패션은 타인을 유혹하게 만들기도 하지만 자기 자신을 유혹하는 수단일 때도 많다. 참가자의 외모를 새롭게 단장해 주는 TV 메이크오버쇼make-over show의 인기가 이를 잘 보여준다. 메이크오버쇼에 등장하는 참가자들은 처음에는 평범한 옷이나 몸에 비해 지나치게 넉넉한 옷을 입고 나타나 몸매를 감추려는 듯한 모습을 보인다. 하지만 프로그램 막바지에 단장을 통해 신체를 드러내는 새로운 외모를 가지게 되면서 전과는 사뭇 다른 태도를 보인다. 전보다 자신감이 생기고, 자신에 대한 자부심을 보이며, 인생에 더욱 잘 직면할 준비가 된 모습이다.

누군가를 유혹하기 위해서든 눈에 띄지 않기 위해서든, 사람들은 누구나 매일 아침 옷을 입기 위해 선택을 한다. 개성과 모방, 맵시와 편안함 사이에서 말이다. 패션은 특별할 것 없는 지극히 일상적인 습관이지만 몸을 가린다는 것은 절대 사소한 의미가 아니다. 보호받는 기분을 느끼기 위해

포근한 모헤어 스웨터를 입든, 입사 면접을 위해 깔끔한 정장을 입든, 대충 편한 운동복을 입든, 매력적으로 보이기 위해 예쁜 원피스나 셔츠를 입든 간에 패션은 감정을 지속시켜 피부에 와 닿는 현실로 만들어 주고 처신을 돕는다. 패션은 우리가 우리 자신과 맺는 협정과도 같다.

패션 디자이너 소니아 리키엘Sonia Rykiel은 기자와의 인터뷰에서 이렇게 말했다. "패션은 디자이너와 아무런 관계가 없는 본질적으로 개인적인 문제다. 패션은 자신의 신체를 생각하는 지극히 개인적인 시각이다..." 우리가 기분이 나쁘거나 어려운 시기를 보내고 있을 때 패션은 자존감을 키우거나 무너진 자존감을 회복하는 데 아주 귀중한 도움을 줄 수 있다.

한 예로 기업이나 개인으로부터 정장이나 예복 같은 의류를 제공받아 실직자에게 무료로 지급하는 단체인 '연대의 넥타이La Cravate Solidaire'의 활동을 들 수 있다. 이 단체는 정장을 제공하며 구직이라는 실질적인 욕구와 자신감 회복이라는 정신적인 욕구를 모두 충족시킨다. 최근 패션은 청년들의 섭식 장애를 유발하는 데 책임이 있다고 비난받기도 하지만 어떤 소아과 병원은 거식증을 치료하는 데 패션을 활용하기도 한다. 바로 파리 꼬생Cochin 병원의 청소년 심리

치료센터 '메종 드 솔렌Maison de Solenn'이 그 예다. 메종 드 솔렌은 '패션 아틀리에'를 열어 청소년들이 자신의 신체와 이미지 그리고 자존감과의 관계를 새롭게 정립하도록 돕는다.

2011년 프랑스 패션 디자이너 사키나 엠사Sakina M'Sa는 프랑스 플뢰리-메로지 교도소에서 여성 수감자들과 함께 '감옥에서의 패션 위크'를 최초로 기획했다. 패션쇼는 수감자들에게 존엄성과 자신감을 조금이나마 회복하게 해주었는데, 사키나 엠사는 패션쇼 시작 전 무대에 올라 "여러분이 나오미 캠벨Naomi Campbell보다 아름답다는 사실을 잊지 마세요"

라고 말했다고 한다. 그녀에게 있어서 이 프로젝트는 수강자들의 '사회적 관계망을 다시 짜는 일'이었다. 그녀는 또한 "패션은 피상적으로 보일 수도 있지만 제게는 낯선 장소로 들어가는 데 필요한 여권이고, 중요한 것들을 이야기하기 위한 정보 카드입니다"라고 말했다.

우리는 패션의 희생자일까?

패션의 유행을 과도하게 추구하다가 희생자가 되고 마는 사람을 일컫는 패션 빅팀fashion victim이란 용어를 탄생시킨 인물은 패션 디자이너 오스카르 데라렌타Oscar de la Renta다. 이 용어는 오늘날 더욱 많이 사용되는 영어 및 히스패닉 단어인 패셔니스타fashionista와 비슷한 뜻을 가진다. 부정적인 측면이 강조된 패셔니스타란 패션에 과하게 집착하는 사람으로 개인적 취향은 없으면서, 때로는 비상식적인 패션을 무분별하고 과도하게 소비하는 사람을 말한다. 이를테면 여름에도 털 부츠를 신는 사람처럼 말이다! 그러나 이들의 무분별함, 지나친 소비, 심지어 패션에 대한 집착으로 야기된 경제적 이려움을 기지고 이들

을 '희생자'로 취급할 수 있을까? 프랑스의 리얼리티 TV쇼 인 〈쇼핑의 여왕들Les Reines du Shopping〉에 등장하는 출연자들은 패션에 대한 열정으로 커다란 기쁨을 얻는 것처럼 보이는데 말이다. 패션은 가해자로, 패셔니스타는 희생자로 볼 게 아니라 패셔니스타를 스스로 패션에 대해 노예의 입장을 자처한 '자발적 노예'로 봐야 하지 않을까?

패셔니스타의 선조 격인 댄디dandy는 18세기 영국에서 등장했다. 1889년 프랑스 리트레Littré 사전은 댄디를 '치장에 신경을 많이 쓰고, 우스꽝스러운 정도까지 과장된 패션을 추구하는 남자'라고 정의했다. 그에 반해 바베이 도르빌리Barbey d'Aurevilly나 샤를 보들레르Charles Baudelaire와 같은 작가들은 댄디의 미학적이고 정신적인 의미를 인정했는데, 교만한 경박함 속에 기존 질서에 대한 저항이 숨겨져 있다고 본 것이다. 또한 댄디가 패션에 커다란 의미를 부여한 것은 거듭 변화하는 패션이야말로 현시대와 현대성을 가장 잘 구현해냈기 때문이다. 보들레르는 댄디즘을 '최후의 영웅주의적 행위'라고 평가했고, 댄디를 최고를 향한 열망에 부응하기 위해 굉장히 까다로운 규율에 복종하는 사람으로 보았다. 댄디는 패션과 아름다움에 대한 열렬한 추구를 통해 물질주의, 합리성, 전통에 비견되는 과거를 기반으로 하는 부르주

아적 가치관에 반대한다. 댄디즘은 1920년대 콩고 공화국의 수도 브라자빌과 콩고 민주공화국의 수도 킨샤사에서 생겨났으며, 1960년대에 크게 인기를 얻은 뒤 브뤼셀과 파리에서 콩고 출신 디아스포라를 중심으로 유행한 사퍼('우아하고 멋진 취향을 가진 사람들의 사교 모임'이라는 뜻으로 '블랙 댄디즘'이라고도 불린다) 하위문화의 등장에 영향을 주었다. 사퍼는 추종자들에 의해 예술, 철학, 종교(키텐디Kitendi라고 부르며, 링갈라어로 '조직'이라는 뜻이다)로 주장되며, 일종의 사회적 운동의 형태를 가진다. 사퍼는 기존 사회의 권위주의적인 구조를 거부하고 서구 사회의 규범을 다시 제 것으로 만들면서 자기 자신에 대한 과도한 미학과 자유를 주장하는 방식을 말한다.

이렇듯 댄디의 후손이자 사퍼의 친척뻘 되는 패셔니스타를 단순히 피해자로만 볼 수는 없다. 이들이 패션을 비이성적으로 사랑해서가 아니라 피상적으로 보일 수 있는 이유에 온 에너지를 쏟고, 오로지 현재만을 살고, 옷에 대한 취미를 아름다움을 뽐내기 위해서만 사용하기 때문에 문제가 되는 것이다. 기자이자 영화감독인 루익 프리정Loïc Prigent은 트위터에 이런 글을 남겼다. "나는 저항한다.-네가 저항한다고?-정상적인 것normal에 대하여."

패션은
여성의 것일까?

주로 여성은 남성보다 패션에 더 관심이 많아 오프라인이나 온라인 쇼핑몰에서 많은 소비를 한다고 여겨진다. 오늘날 여러 경제 연구에 따르면 패션 분야에 있어서 남성보다 여성이 전 생애에 걸쳐 더 많은 소비를 한다. 하지만 15세 이상 29세 이하 인구에서 의복에 가장 많은 지출을 하는 것은 남성이었다. 이들은 여성보다 브랜드를 더 중요하게 여기기 때문에 소비액이 더 큰 것이라고 한다!

남성보다 더욱더 다양한 종류와 다양한 색상의 옷들을 가진 여성의 패션 취향은 옷장에 고스란히 반영되어 있다. 반면 남성 패션은 여성 패션보다 비교적 단순한 형태와 차분한 색상으로 구성되는데, 이는 남성 패션의 역사에서 나타난 최근의 경향을 통해 이해할 수 있다. 프랑스 혁명 이전 패션은 계급, 사회적 위치, 직업에 따라 차이가 있었고 남성은 여성만큼이나 화려한 복색을 자랑했었다. 15세기 궁정에서 남성은 짧은 드레스와 허리를 졸라매는 벨트, 그리고 매우 화려한 색으로 짠 긴 양말을 착용했다. 하지만 프랑스 혁명과 함께 의복은 개인이 "입고 싶은 옷이나 자신의 성별에 맞는 장신구를 마음껏 착용하는" 자유를 상징하게 되었다. 프랑스 혁명이 불러온 패션의 유행은 19세기에 이르러 빈부 간의 차이가 아닌, 성별 간의 격차를 더욱 벌렸다. 프랑스 남성의 복식은 영국 귀족의 실용적이고 단순한 복장에서 영향을 받은 반면에 여성의 패션은 극단적으로 화려하고 매우 억압적으로 변모했다. 1820년대의 코르셋으로 강조된 허리, 커다랗게 부풀려진 소매, 깃털과 리본으로 장식된 거대한 모자와 같은 복색과 의무처럼 여성에게 주어졌던 한가함으로 인해 아내는 남편을 돋보이게 하는 존재가 되었다. 그리고 남편은 아내의 사회적 지위와 성공을 대표했다. 프로이트에 의하면, 패션은 여성에게 있어 자신을 타인과 차별화함으로써 더욱 돋보일 수 있는 방법이었다. 당시 여성에게는 달리 두각을 나타낼 수 있는 분야가 없었고, 오직 외면으로만 존재할 수 있었기 때문이다.

19세기 후반과 20세기에 스포츠 활동, 패션계에 혁신을 불러온 오트 쿠튀르의 탄생, 남성의 빈자리를 대신해 여성의 노동을 가능하게 만든 전쟁, 베이비붐 현상, 그리고 청년 지위의 점진적인 상승이 이제껏 단 한 번도 문제된 적 없었던 성별 간의 복식 차이를 누그러뜨렸다. 하지만 통계학적이고 상징적인 관점에서 패션은 여전히 여성의 대표적인 경제활동 분야로 여겨졌다(패션계 종사자들은 모두 여직공이었다). 동성애자임을 밝힌 일류 패션 디자이너들의 존재도 패션이 남성의 영역이 아니라는 논리를 강화했다. 패션이 '여성의 분야'로 여겨지고, 진지한 관심을 받을 만한 가치가 없는 피상적이고 가벼운 생산물이자 관습으로 여겨지게 된 것에 이러한 '여성성'의 이유도 있을 것이다.

집스터, 프렌치 시크, 놈코어란 무엇일까?

내가 버스를 타고 있는 이웃을 보고 있다고 가정해 보자. 보기만 해서는 그가 의사인지 세공사인지, 직장이 있는지 없는지, 30대인지 40대인지 혹은 50대인지, 도시에 사는지 시골에 사는지 도통 알 수 없다! 그

렇다면 언제부터 겉모습과 복색이 더 이상 빈부의 차이, 나이의 차이, 시골과 도시 거주민의 차이를 확연히 드러내지 않게 되었을까?

영국 사회학자 딕 헵디지Dick Hebdige는 제2차 세계대전 이후 등장한 사회에서 계층 간 경계가 더욱 모호해졌다고 말했다. 서비스와 정보의 발전에 기초하는 현대 사회에서 사무직, 관리직을 뜻하는 용어에서 확장되어 엘리트 계층을 일컫는 '화이트칼라'와 육체노동자, 노동자 및 서민 계층을 일컫는 '블루칼라'의 대비는 더 이상 주요하지 않게 된 것이다. 또한 미국 사회학자 다이애나 크레인Diana Crane과 로라 보본느Laura Bovone에 따르면, 기존의 사회적 계층을 대신해 오늘날 취향과 습관을 공유하는 소비자들이 존재하는 다양한 '틈새시장'이 떠올랐다고 한다. 의복의 규범이 사라지고 영감을 주는 출처는 계속해서 다양해지고 있다. 오늘날 인터넷, 인스타그램이나 스냅챗과 같은 소셜 네트워크SNS에는 우리가 쉽게 접근할 수 있는 참고 자료와 이미지가 넘쳐난다. 이처럼 사회학적 관점에서 하위문화나 '부족'에 속하는 새로운 유형의 소비자가 등장했다. 대부분 젊은 나이대로 구성된 공통의 취향과 상징적인 가치를 공유하는 사람들의 집단인 '패션 부족'들은 스타일과 마찬가지로 의복에 새로운 가치를 부여하며 상징을 재결합하고 변화시킨다. 패션 전문 잡지는 이들 집단을 규정하는 데 일조한다. 2017년 집스터gypster란 '히피 스타일보다 더욱 시크하고 프레피preppy한 보헤미안적 태도'를, 프렌치 시크French chic란 '우아함과 편안함의 중간 지점에 위치하며 가급적 빈티지를 지향하는 스타일'을, 놈코어normcore는 '트렌드를 따라가거나 표준을 수용하지 않고 가공하지 않은 클래식한 청바지와 가능한 한 가장 검소한 커팅진, 하얀 티셔츠와 브랜드 없는 하얀 스니커즈를 착용하는 스타일'을 말한다.

"설마 그렇게 입고 나가려는 건 아니지?"

2017년 프랑스 장식미술관에서 열린 〈적절한 옷차림Tenue correcte exigée〉 전시에서 잘 드러난 것처럼 옷차림에 대한 관용의 수준은 역사 속에서 모두 달랐다. 시대마다 여성의 바지, 장르의 혼용, 과도함(스키니 핏, 와이드 핏, 시스루 등) 혹은 치마 길이는 사회에 파문을 일으켰다. 어떤 패션이나 관습이 오늘날에도 여전히 논란거리가 되는 이유는 어떻게 설명할 수 있을까? 내가 입은 찢어

"패션에는 도덕도 비도덕도 없다. 패션은 단지 입는 사람의 기분을 좋게 만들어 주기 위해 태어났다."

카를 라거펠트
Karl Lagerfeld

진 청바지가 엄마가 젊은 시절 입었던 미니스커트보다 더욱 논란이 되는 것은 어떤 이유에서일까? 또 부모님으로부터 "설마 너 그렇게 입고 나가려는 건 아니지?!"라는 말을 들어 보지 않은 사람이 과연 있을까?

2000년 명품 브랜드 디올의 봄–여름 컬렉션을 위해 수석 디자이너 존 갈리아노John Galliano는 노숙인에게서 영감을 얻어 무려 〈부랑자Clochards〉라는 제목의 패션쇼를 열어 큰 논란을 일으켰다. 이렇게 모든 것이 허용된 자유로운 분야처럼 보였던 패션계에서조차 이러한 창작물이 대중에게 큰 충격을 안긴 이유는 무엇일까?

13세기 이탈리아 철학자이자 신학자였던 토마스 아퀴나스Thomas d'Aquin에 의하면, 의복은 그것을 착용하는 사람의 도덕 수준을 드러내며 이러한 도덕 수준이 그 사람이 의복을 선택하는 데 있어 가장 중요한 역할을 한다고 한다. 예를 들어 종교인들은 가난한 사람으로 '가장'해서는 안 되며, 이를 통해 실제의 삶과 괴리가 있는 궁핍을 패션으로 드러냄으로써 타인의 마음을 얻으려 해서도 안 된다. 토마스 아퀴나스에게 있어서 허황된 영광을 좇는 것은 아름다운 것에 대한 애착을 받아들이는 것보다 더욱 중대한 잘못이다. 이런 관점에서 2000년에 있었던 디올의 패션쇼를 다시 보자.

우선 존 갈리아노는 노숙인의 삶에서 꼭 필요한 물품이자 그의 삶의 취약성을 드러내는 낡은 옷에서 영감을 받아 명품 옷에 누더기와 같은 거짓된 외양을 부여했다. 두 번째로 디올 제품을 살 수 있을 만큼 부유한 고객이 가난해 보이는 옷을 입는다는 것은 노숙인의 삶을 잘못 이해한 것일 뿐 아니라 아무런 도덕적 고려 없이 새로운 패션과 취향을 시도하며 그저 즐기려는 것이다.

아무리 패션계에서 모든 것이 가능해 보인다 할지라도 그것이 우리 사회가 패션을 도덕적으로 판단해서는 안 된다는 뜻은 아니다. 제약은 여전히 남아 있다. 대표적인 제약에는 앞서 본 것처럼 가난에 대한 모방, 정교분리(비종교성)－무슬림 여성이 착용하는 베일은 어떤 이들에게 있어서는 종교에 의한 여성 억압의 상징이 되었고, 또 어떤 이들에게 있어서는 신앙의 자유를 상징하게 되었다.－그리고 오늘날에도 여전히, 그리고 특히 남성의 것이라면 더욱 충격적인 나체가 있다. 2015년 우리 사회의 '근본적인 터부'를 깨고 남성 모델들이 완전한 나체로 등장했던 미국 디자이너 릭 오웬스 Rick Owens의 패션쇼를 떠올려 보자. 우리가 어떠한 옷을 입음으로써 표현하는 바는 결코 사소하지 않다.

리투아니아 언어학자 및 기호학자 알기르다스 줄리앙 그

레마스A. J. Greimas가 말했던 것과 마찬가지로, 롤랑 바르트는 패션이 언어와 같다고 했다. 패션은 소통을 가능하게 하는 기호(의복)의 총체라는 것이다. 그러므로 의복으로 행한 '위반'은 마치 타인을 향한 욕설이자, 어느 정도 의도된 방식으로 타인을 모욕하거나 무언가를 요구할 것을 목적으로 패션 언어의 공통법을 위반하는 것과 같다.

우리가 구입하는 것은 옷일까, 상징일까?

스니커즈 운동화(예를 들어 아디다스 스탠스미스라 가정하자)를 산 '톰'이라는 고등학생이 있다고 생각해 보자. 톰의 구매가 실질적으로 의미하는 바는 무엇일까? 철학자 장 보드리야르Jean Baudrillard라면 여기서 상징 논리를 찾아낼 것이다. 보드리야르에게 있어 소비는 언어와 마찬가지로 관계적 행동이다. 특히 오늘날과 같은 물질적 풍요의 사회에서 우리는 물건의 고유한 속성을 위해서 소비하지 않는다. 그보다는 물건이 우리에게 어떤 이야기를 들려줄 수 있는지, 우리에게 어떤 의미를 가져다줄 수 있는지를 고려한다. 다시 말해 어떤 옷을 사고 싶다는

욕구는 실용적인 필요보다는 욕망으로부터 생겨난다.

계속해서 보드리야르의 논리를 따라가 보자. 신발을 사야겠다는 필요를 느낀 톰은 스니커즈 운동화의 사용에 관련한 '사용가치라는 기능적 논리'를 따른다. 표시된 가격을 따져볼 때는 '교환가치라는 경제적 논리'를 따르는데, 이는 시장경제의 관계 속에서 신발의 가치를 고려하는 것이다. 또 톰이 자신이 고른 운동화가 매력적인 삶의 방식을 드러낸다고 판단한다면, 이때는 '상징적 교환의 논리'를 따른다. 마지막으로 운동화가 그가 속한 집단 내에서 높은 평가를 받고 그것을 신음으로써 자신의 인기가 높아질 수 있다고 생각한다면, 사물과 그것을 소비하는 사람을 구별하고 등급을 매기는 '기호가치의 논리'를 따른다. 톰은 타인에게 있어서 스니커즈 운동화가 어떤 위치를 가지는지 평가했고, 그의 눈에 그러한 구매가 타인의 욕망과 인정에 영향을 줄 수 있다고 생각한 것이다.

이와 같은 네 가지 논리 중, 뒤의 두 논리가 앞의 두 논리(예를 들면 좋은 가성비와 같은 고려 사항)보다 톰이 운동화를 사는 데 있어 더 큰 영향을 끼친다.

고객의 마음을 사로잡는 데 주력한 많은 제품 브랜드가 성공한 이유를 바로 여기에서 찾을 수 있다. 이제 매력적인 로고만으로는 부족하다. 브랜드가 전달하는 가치와 이미지가 고객과 일치해야 하는 시대가 왔기 때문이다. 우리는 한 브랜드를 고르는 것만이 아니라 브랜드라는 집단에 소속된다. 브랜드를 소비함으로써 우리 자신이 바로 나이키거나 아디다스, 혹은 애플이거나 삼성이 되는 것이다!

유행을 따르느냐 마느냐...
그것이 문제로다!

종종 우리는 피상적이고, 심지어는 필요 이상으로 과도하다는 이유로 패션의 유행을 비난한다. 실제로 이는 매우 오래된 논쟁이다. 고대에도 이미 유행은 사치와 동일시되어 도덕적인 관점에서 유해하다는 비판을 받았다. 플라톤Platon은 패션의 유행은 타락의 근원이고, 따라서 사회의 평화를 저해할 위험이 있다고 주장했다. 반면에 아리스토텔레스Aristote는 사치가 행복의 실천에 기여하고, 중용의 미덕만 갖춘다면 전혀 부정적이지 않다고 말했다.

오늘날 신기술 분야에서 상품의 판매를 촉진하기 위해 일부러 제한된 수명을 가진 상품을 제작하는 것과 마찬가지로, 우리는 소비자들의 이익과 환경적 쟁점에 반하는 패션 분야의 '계획적 구식화'를 비판한다. 모든 산업과 마찬가지로 패션계도 판매의 필요가 있다. 패션 디자이너의 일은 상품 판매에 기초한 일반경제에 속한다. 계절마다 새로운 스타일이 등장해 기존의 스타일을 구식으로 만든다. 따라서 소비자들은 옷장의 옷들을 새로운 것으로 바꾸고, 새로운 상품을 구매하도록 유도된다. 옷이 아무리 많아도 입을 게 없다는 기분이 들게 하는 이유가 바로 여기에 있는 것이다!

패스트푸드의 개념을 패션계에 적용해 계절마다 끝없이 갱신되는 컬렉션과 기록적인 짧은 기간 동안 저가로 생산과 보급이 이루어지는 '패스트패션'에 관련해서도 근거 있는 비방들이 존재한다. 대개 패스트패션 브랜드의 상품은 해외의 빈곤층(심지어는 아동)에 의해 낮은 품질 기준(재단이나 염색, 때로는 유독성이 있는 옷감의 사용)으로 생산된다.

소비자에게 유아기적 욕망을 불러일으키는 패스트패션은 어쩌면 패션 산업에만 국한되지 않는 더욱 보편적인 사회 현상, 즉 한없이 빠른 속도를 추구하는 우리 시대가 낳은 여러 증상 중 하나인지도 모른다. 철학자 폴 비릴리오Paul Virilio에 의하면 모든 것이 순간 속에서 지나가고, 새로운 정보기술의 발전으로 향상된 속도에 의해 빠르게 변화하는 우리 현실의 표상은 우리에게 스트레스와 불안만을 야기한다.

유행을 따르지 않으면 뒤처질지도 모른다는 두려움을 먹고 자란 패스트패션은 우리를 신기술에 의해 유지되는 허상인 새로움과 즉각성의 환상을 좇아 무한정 달리게 만든다. 그럼에도 불구하고 모든 요리가 패스트푸드로 한정되지 않고 모든 영화가 블록버스터로 한정되지 않듯, 패션도 패스트패션으로만 한정될 수는 없다! 영화와 마찬가지로 기성복과 오트 쿠튀르의 경계에 작가의 독립성, 참신한 세계관, 예술적 연구, 숙달된 제작법을 요구하는 '작가주의'가 존재한다. 디자이너가 새로운 패션을 창조할 때, 이렇게 창조된 패션은 디자이너의 독창성으로 인해 계속해서 새로운 것을 탄생시키는 예술적인 과정에 속하게 된다. 어떤 화가가 전시회마다 새로운 작품을 소개한다고 해서 미술 수집가들의 소비주의 심리를 자극한다고 비난할 수 있을까?

그런가 하면 상품의 지속 가능성을 고민하는 브랜드도 존재한다. 이러한 브랜드의 디자이너들은 '베이식basic'한 의류, 즉 품질에 신경을 써서 지속 가능하도록 만들어진 의류와 액세서리를 만들어야 한다고 주장한다. 디자이너 스텔라 매카트니Stella McCartney, 프랑스 브랜드 메종 샤토 루즈Maison Château Rouge와 에키오그Ekyog는 예술 분야로서 소중한 노하우를 지키면서도 납품업체의 작업을 관리하고, 근거리 생산을 중시해 이산화탄소의 발생을 줄이고, 재활용 옷감을 사용하고, 직물 노동자의 근로 조건을 보장하고, 패션의 문화 및 인간적 측면을 강조하는 등 지속 가능한 발전을 위한 방식을 고수하고 있다.

2013년 공정무역과 친환경 스니커즈 운동화를 생산하는 프랑스 브랜드 베자Veja의 창립자 중 한 명인 세바스티앙 콥Sébastien Kopp은 프랑스 주간지 렉스프레스L'Express에서 "우리는 지속해서 사용이 가능한 기능성 옷들을 구매했던 우리 할아버지 할머니의 상식을 잊어버렸다"고 인터뷰했다. 상품의 지속 가능성을 보장하는 데는 의류 '제작자'들이 중대한 역할을 하지만 소비자에게도 책임이 있다. 미국 배우 엠마 왓슨Emma Watson과 같은 유명인들은 대중의 인식을 높이기 위해 행동하고 있다. 엠마 왓슨은 환경 친화적인 패션을 위한 인스타그램 계정 '더 프레스 투어The Press Tour'를 만들어 운영 중이다.

패션 브랜드에 대해 스스로 정보를 찾아보고, 지출만 하기보다는 투자하며, 양보다는 질을 추구하고, 패션에 자신이 원하는 의미를 부여하기 위해 과감히 행동하는 것은 온전히 우리의 몫이다. 어쩌면 이러한 의미 있는 추구 때문에 우리보다 경험이 많고 이야기를 들려줄 수 있는 빈티지 의

류의 열풍이 부는 것인지도 모른다.

따라서 롤랑 바르트가 말한 대로 '모든 사람에 의해 회자되지만 모두가 알진 못하는' 패션은 보이는 것처럼 피상적이지만은 않다. 자신과 타인, 현재와 역사, 억압과 자유 사이, 영원한 긴장 상태에 놓인 언어인 패션은 그 무엇보다도 우리가 누군지를 드러내 주고 우리의 약점과 강점을 반영하는 거울과 같기 때문이다.